LA

RÉPUBLIQUE

TRICOLORE

EST-ELLE POSSIBLE?

Réponse au Père MARCHAL

PAR

l'Abbé **A. C. L.**

LYON

LIBRAIRIE PÉLAGAUD

RUE MERCIÈRE

DOLE. — IMPRIMERIE BLUZET-GUINIER.

AU LECTEUR

Témoin des malheurs qui affligent notre belle Patrie, je ne puis rester paisible spectateur de tant de calamités. Je n'ai pu, comme tant d'autres, courir aux armes et voler à la défense du Pays. Mais si le fer qui donne la mort m'est interdit, je combats néanmoins pour la France, en jetant dans de jeunes cœurs les semences qui font les bons Français et les bons citoyens.

Si je prends la plume, seule arme qui me soit permise, ce n'est pas que je ressente en moi « quelque aspiration, quelque sentiment qui me semble d'un ordre plus élevé que ce que l'on rencontre ordinairement. » Non, telle n'est pas ma prétention. Mon unique pensée, c'est d'éclairer mes semblables; mon seul désir, la rénovation de ma Patrie, et mon but, examiner si la République tricolore est possible.

Quelques susceptibilités plus ou moins respectables pourront peut-être se trouver blessées. Les pages qui suivent offusqueront sans doute les yeux de ceux qui ne se rencontreront pas sur le même terrain. Mais je ne pourrai que gémir, et je ne regretterai pas d'avoir exprimé tout haut des convictions que je sais être l'objet de déloyales et violentes attaques.

LA RÉPUBLIQUE TRICOLORE EST-ELLE POSSIBLE ?

I

Je considérais un jour, dit Xénophon, combien de républiques ont été renversées par des citoyens qui désiraient une autre forme de gouvernement ; combien de monarchies et d'oligarchies ont été détruites par la révolte des peuples ; combien de particuliers ont péri en voulant s'élever à la souveraine puissance ; et combien on admire la prudence et la bonne fortune de ceux qui s'y sont maintenus, ne fût-ce que peu de temps... Je remarquais, d'un autre côté, que tous les animaux obéissent en général plus volontiers à ceux qui les conduisent, que les hommes à ceux qui les gouvernent... Bien plus, il n'y a personne à qui les animaux fassent le moins de peine qu'à ceux qui ont coutume de les gouverner et d'en tirer profit; tandis que les hommes, au contraire, conspirent de préférence contre ceux qui entreprennent de leur commander.

D'où je concluais qu'il n'y a point d'animal plus difficile à gouverner que l'homme.

Ces réfléxions semblent avoir été écrites pour notre époque. En effet, qu'aurait pu dire de plus, ou bien que n'aurait pas dit Xénophon, s'il eût vécu de nos jours! Depuis quatre-vingts ans, nous sommes ballottés de la République à la Monarchie, et de la Monarchie à la République, donnant ainsi au monde entier le triste spectacle d'une légèreté et d'une inconstance qui font mettre en doute le bon sens et l'esprit du peuple français.

A quoi ont abouti toutes nos belles théories humanitaires, sentimentales et gouvernementales? D'abord elles ont servi à faire naître la méfiance, et comme la « méfiance est la mère de la sûreté, » nos voisins ont pris leurs mesures; et aujourd'hui, s'ils nous donnent encore le titre de *grande nation*, ce n'est que par une amère dérision. L'ironie est si sanglante et se peint tellement sur leurs lèvres, qu'il est impossible de ne pas se sentir le cœur brisé. Ensuite, nos propres principes se sont retournés contre nous.

Bonapartistes et Républicains ont proclamé de concert le principe de non-intervention, le système de l'affinité des races et de l'absorption des petits États dans les grands. A cette époque, il ne s'agissait que de la Papauté, du roi de Naples et de quelques princes italiens. Le Prussien d'alors, c'était le roi de Piémont. Toute la presse officielle, officieuse et républicaine n'avait pas assez d'éloges pour cet autre Guillaume. Les cruautés et les dévastations des bersagliers et des chemises-rouges étaient jugées des peccadilles. Tout leur était permis : les incendies, les arrestations, les exécutions sanglantes passaient inaperçues. C'était à peine si quelques voix indignées pouvaient se faire entendre; encore étaient-elles bientôt couvertes par les applaudissements et les hourras des affidés et des officieux. Les uns flattaient le maître, les autres attendaient la Révolution.

A notre tour, nous subissons la peine du talion. Dans le duel à mort que nous venons de livrer, nous avons été battus par nos propres armes. Nous avions laissé l'honneur, le droit et la justice succomber sous les coups du plus fort. Spectateurs indifférents et muets, nous avons assisté à leur agonie dans les murs de Gaëte. Nous avons compté les jours qui leur restaient à vivre, et nous n'avons pas daigné leur tendre la main, et l'on apprit bientôt que l'honneur, le droit et la justice n'étaient plus.

O cruelle vicissitude des choses humaines ! L'Europe, indifférente et muette, a assisté pendant six mois à l'agonie de la France. Elle a vu toutes nos forteresses, dont nous ne devions pas *céder une pierre*, s'écrouler une à une. Elle a vu notre territoire, dont nous ne devions pas *abandonner un pouce*, envahi par l'étranger. Elle nous a vu implorer, et, pour ainsi dire, mendier son appui. Rien n'a pu l'émouvoir. Les Républiques elles-mêmes nous ont refusé leur concours, et se sont empressées de féliciter le vainqueur. Enfin, haletante, épuisée, cette France si grande, si forte et si fière pendant ses quatorze siècles de Monarchie, se vit obligée de courber le front et de demander la paix. Puis, les yeux pleins de larmes, elle arracha de son front, d'une main frémissante, un des plus beaux fleurons dont Louis XIV avait enrichi son diadème, et le jeta, en détournant la tête, aux pieds d'un vainqueur inflexible, qui le lui réclamait en prétextant l'affinité de race. Ce système, que nous avions trouvé bon pour l'Italie et l'Allemagne, se retournait contre nous. C'était justice. Ne faites pas à autrui ce que vous ne voudriez pas que l'on vous fît à vous-même. La leçon est dure, mais elle est méritée. Puisse-t-elle nous être utile !

O grande figure de Louis XIV, toi que de pauvres

pygmées voudraient salir et rabaisser! Quel tressaillement douloureux aura saisi ton ombre majestueuse, à cet instant fatal qui déchirait, peut-être pour toujours, cette *Carte* de France dont ta puissante épée avait tracé les limites! Il me semble entendre ces paroles sortir de ton tombeau : « Que n'étais-je là avec mes braves et fidèles Francs! »

Et vous, héros dignes de ce grand roi, les Condé, les Turenne, les Catinat, les Villars, voilez-vous la face, votre Patrie est humiliée et amoindrie! Vos conquêtes ont disparu. Nous n'avons plus, comme vous, cette foi politique qui, à plusieurs reprises, chassa l'envahisseur de cette belle terre de France, que des milliers d'étrangers foulent aux pieds. C'est à peine s'il nous reste un peu de foi religieuse. Nous flottons à tout vent de doctrines, détruisant le lendemain ce que nous avons édifié la veille, cherchant la meilleure forme de gouvernement sans pouvoir la trouver. Quelle triste situation! Comment en sortirons-nous! Sous quel régime la France pansera-t-elle ses blessures et préparera-t-elle sa revanche?

II

J'ouvre la *République Tricolore*, et elle me répond : Sous le régime qu'elle vient de se donner. Quel est ce régime ? La Commune ou la République ? Leurs droits sont égaux Mais la France ne s'est prononcée sur aucune de ces formes. Actuellement, elle répudie de toutes ses forces la *Commune*. Quant à la République, elle attend, et elle a raison.

De ce qu'il a plu au citoyen Gambetta et consorts de s'installer à l'Hôtel-de-Ville, au lendemain de la catastrophe de Sedan et d'y proclamer la République, en conclure que la France s'est donné ce régime, c'est illogique, à moins toutefois que l'on interprête son silence pour un consentement. Mais cet axiome : Qui ne dit rien consent, ne doit pas toujours être pris à la lettre. Or, dans cette grave question, la France n'a rien dit. Donc, la République n'est pas reconnue, elle est simplement tolérée.

Doit-elle être appelée, désirée par tout Français sensé qui abhorre les révolutions ?

L'auteur de la brochure d'où j'extrais cette question répond *oui*. Parce que, dit-il, « la France est à refaire de fond en comble; parce qu'elle n'a plus, ni les mœurs austères, ni les fortes croyances, ni les caractères bien trempés qui font les grands peuples, et que la République, bien comprise et bien pratiquée, peut nous sauver et nous grandir »

La première partie de cette réponse est vraie, trop vraie. Oui, la France est à refaire. Mais la République est-elle à la hauteur de cette tâche? On peut en douter. Car ses partisans sont peu nombreux, et leurs mœurs sont loin d'être austères. Leurs croyances sont légères, flexibles, peu solides, et leurs caractères faiblement trempés. Or, avec de tels hommes, il est difficile que la République soit bien comprise et bien pratiquée. On les a vus à l'œuvre à plusieurs reprises, et toujours on les a vus brouillons, mécontents et sans principes fixes. On peut dire des Républicains d'aujourd'hui que les fautes et les erreurs de leurs aînés ne les ont pas rendus plus sages, et qu'ils n'ont rien appris. Qui les a contrebalancés en 48, et les contrebalancera de nouveau? Les Français sensés, ennemis des révolutions, dévoués à la France, et non à la République.

Nous sommes malades, tant au physique qu'au moral, et la République tricolore en accuse la Monarchie, qu'elle compare à un hôpital où l'on *risque fort de mourir*. Cette accusation est bien gratuite. Si elle accusait les républiques unes et indivisibles et les monarchies bâtardes issues des révolutions, on la comprendrait, et elle aurait raison. Non, la Monarchie n'est pas un hôpital, où l'on risque de mourir; et la preuve, c'est que la France, pendant ses quatorze siècles de monarchie, a traversé sans périr de rudes épreuves; tandis qu'au bout de quatre-vingts ans de républiques et de dynasties de contrebande, elle a subi trois invasions qui l'ont mise à deux doigts de sa perte.

Nous sommes malades, et l'on veut que l'Assemblée, issue des libres suffrages du pays, se contente de signer la paix et de prendre les mesures d'urgence pour le réorganiser! Eh bien! pour réorganiser, il ne faut pas du *provisoire*. Il faut d'abord *constituer*, et c'est en constituant que l'on organise. Or, l'Assemblée ne s'est pas proclamée *provisoire*, elle est *nationale*, et les électeurs, en lui donnant son mandat, n'ont pas prétendu restreindre ses attributions, ni limiter ses pouvoirs. Donc elle peut *constituer*. Donc elle aurait tort de déposer ses pouvoirs.

Quoi donc? ce serait grâce à ses efforts que la France goûterait le calme et l'ordre, et l'on voudrait qu'elle cédât à d'autres la gloire de fonder la *liberté!* De deux choses l'une : Ou l'Assemblée nationale est l'expression vivante des volontés du pays, ou elle ne l'est pas. Si *oui*, elle est aussi capable de fonder la liberté que de rétablir l'ordre. Si *non*, elle ne peut rien produire de bon, et l'on doit conclure que les électeurs ont été, sont et seront toujours des *niais*.

Nous sommes malades, et « beaucoup d'hommes très honorables, en général fort respectables, appellent de tous leurs vœux une restauration monarchique. »

Là-dessus, la République tricolore s'attaque aux rois' qu'elle stigmatise indistinctement du titre de *desposles*. Pour appuyer ses dires et ses raisons, elle met de son côté l'Esprit-Saint. Elle va même plus loin : elle met dans ses intérêts le mystère de la Sainte-Trinité, et semble prétendre que, sous la forme républicaine, il existe une sorte de Verbe dont la tâche est de faire disparaître jusqu'au moindre soupçon d'injustice. Mais la comparaison est loin d'être juste, car il ne peut y avoir et il n'y a aucune affinité entre les différents pouvoirs d'une République et la Sainte-Trinité, attendu que les Personnes divines sont éternelles, immuables, égales en toutes choses, et qu'elles ne font qu'un seul Dieu, tandis que les différents corps d'un Etat sont mortels, très variables, inégaux en puissance, que l'un peut agir sans le concours de l'autre, et qu'ils ne font pas une seule et même chose.

Parlant de Dieu et de son Verbe, il est tout naturel que la République tricolore parle de la Religion. L'Église, dit-elle, n'a jamais péri dans un pays libre ; jamais, non plus elle n'a pu fleurir en paix dans les régions soumises à l'arbitraire. C'est vrai. Mais elle se garde bien de dire que l'Eglise de France n'a jamais été plus florissante que sous la Monarchie, et que les entraves qu'elle subit aujourd'hui sont le produit de notre première période révolutionnaire, pendant laquelle elle a failli sombrer. Le tableau qu'elle pourrait en tracer nuirait à sa cause ; c'est pourquoi elle s'abstient.

Elle cite les Eglises russe et orientale détachées du

centre de l'unité, et condamnées, en raison de cette séparation, à subir le joug du pouvoir séculier. Mais l'Église de France n'est jamais tombée dans cet état d'abaissement. Elle a pu être inquiétée dans ses priviléges, jamais on n'est parvenu à la condamner au silence, ni sous le pouvoir *absolu*, ni sous le régime du pouvoir *personnel* qui vient de s'abîmer dans la plus lamentable catastrophe, juste punition de ses fautes et de la légèreté de la France.

République tricolore, les hommes « très honorables et très respectables qui appellent de tous leurs vœux une restauration monarchique, » te sacrifient de grand cœur le pouvoir absolu et le pouvoir personnel; mais cette première partie de ton plaidoyer n'est pas en ta faveur. Continuons.

III

Le débat reste circonscrit entre la Monarchie constitutionnelle et la République.

On dit que la Monarchie a pour elle une partie du clergé, de la noblesse et des villageois, partisans peu énergiques, tandis que la République a pour elle la majorité des électeurs des grandes villes, phalange énergique et prête à descendre dans la rue. Sur ce, la République tricolore en conclut qu'il faut garder la

République. Et pourquoi, s'il vous plaît? Pour ne pas froisser quelques milliers d'énergumènes que l'on réduirait facilement au silence au moyen de quelques volées de mitraille : témoin Marseille. La chose n'en vaut pas la peine, avouez-le. D'abord, est-il certain que les républicains composent la majorité des électeurs des grandes villes? Les élections à l'Assemblée semblent prouver le contraire. Et puis, supposons que l'on rétablisse la Monarchie, et que cette terrible phalange descende dans la rue. Qu'adviendra-t-il? Croit-on que les honnêtes gens subiront le joug honteux de ce ramassis de gens sans aveu qui s'appellent les républicains de Paris, de Lyon, de Marseille? Oh! non, qu'ils n'y comptent plus. Le langage qu'on leur tiendra sera celui du canon, langage qu'ils n'aiment pas à entendre, et qui les fera rentrer dans leurs repaires. Mais parlons raison.

Sur sept millions d'électeurs, on compte à peine un dixième de républicains. Comment cette minorité parviendra-t-elle à imposer ses volontés à la majorité? Par la persuasion, ou par la violence? Si elle emploie la persuasion, il lui sera bien difficile de convertir à ses théories, aussi variables que les girouettes de nos édifices, des hommes dont les principes peuvent, il est vrai, se modifier selon le besoin des temps, mais qui n'en restent pas moins toujours les mêmes quant au principe fondamental. Si elle emploie la violence, méthode qui, du reste, on l'a vu et on le voit aujourd'hui, rentre beaucoup dans ses goûts, il est possible qu'elle parvienne à dominer la majorité, toujours prête à reculer devant les moyens extrêmes Mais son triomphe, comme toutes les choses violentes, sera de courte durée.

De plus, cette majorité est en droit de répondre aux républicains, qui lui reprochent de vouloir rétablir la Monarchie : « Nous, monarchistes, nous sommes la France; vous, républicains, vous n'êtes qu'un parti sans chef. Si nous voulions rétablir la Monarchie, ce serait au profit de la France et non pas pour nous. Vous, au contraire, vous voulez la République pour vous, au profit de votre parti. Vous voulez occuper toutes les places à l'exclusion de ceux qui ne partagent pas vos idées. Pour nous, la France est tout; pour vous, elle n'est rien, ou plutôt elle est un vaste champ où vous espérez faire une belle moisson, tout en vous livrant à vos essais de théories plus ou moins sonores, plus ou moins dépourvues de bon sens. Nous voulons l'ordre et la liberté. Vous, au contraire, vous ne prêchez que le désordre, et n'aspirez qu'à confisquer la liberté. »

Supposons maintenant que la Monarchie se rétablisse. Qu'adviendra-t-il ? Ce qu'il adviendra ? Quelques républicains fanatiques rempliront les airs de leurs cris discordants. Le peuple est trahi ! Aux armes ! Quelques écervelés répondront à cette provocation et aboutiront à un échec, pour bientôt rentrer dans l'ombre où ils auraient dû rester. Les républicains honnêtes, aussi faciles à compter que les planètes célestes, se retireront dans leurs terres, au barreau ; ou bien se feront les serviteurs empressés de la Monarchie, en acceptant les charges qu'elle leur offrira : témoins ces farouches républicains de 93, qui, sous le premier Empire, devinrent princes, ducs, comtes, barons ; et tout rentrera dans le calme, à la grande satisfaction de la France entière, fatiguée de révolutions et de *républiques*.

Mais voici un argument qui doit primer tous les autres. Sommes-nous assez riches pour nous payer le luxe d'un roi ? Nous sommes criblés de dettes, qu'il nous faut songer à payer. Nous avons des blessures à panser, et une revanche à préparer. Or, un roi suppose une reine et tout un cortége de cour fort dispendieux. Pour subvenir aux dépenses de ce roi, de cette reine, de cette cour, une liste civile de trente millions est nécessaire. Donc, nous devons nous passer de roi, car l'intérêt seul de notre dette dépasse un milliard.

République tricolore, ton argument serait irréfutable si tu nous disais que la République est un gouvernement à bon marché. Mais l'histoire est là qui nous prouve d'une manière invincible que le gouvernement républicain est celui qui a le plus coûté à la France, et que ce régime n'est que le règne de la médiocrité, de la dilapidation et du scandale. Lisez et jugez

Du 1er mai 1789 au 18 mai 1804, on a payé, en dehors des dépenses ordinaires de l'Etat, aux premiers fonctionnaires : 231,641, 610 fr., soit 15,442,774 fr. par an, en moyenne.

On a vendu pour 3,325,000,000 de biens nationaux ;

On a émis pour 47,000,000,000 de fr. d'assignats ;

On a fait pour 2,000,000,000 d'emprunts ;

On a émis pour 2,407,000,000 de mandats,

Et il est mort, pour ou contre la cause révolutionnaire,

4,026,422 Français.

Ces chiffres se passent de commentaires : ils parlent d'eux-mêmes; ce sont les chiffres officiels. Qu'on les réduise de moitié, ils n'en présenteront pas moins dix siècles de calamités.

La seconde république, en quatre ans, a augmenté la dette publique de 707,336,700 fr. Ce qui donne en moyenne, une augmentation de 179,384,191 fr. par an.

Différence avec la Restauration 108,881,423 fr. par an.

Avec la Monarchie de Juillet 102,431,432 fr. par an.

La troisième république surpasse ses devancières par l'ineptie et les fautes grossières. Elle nous laisse avec un accroissement de *neuf milliards* à la dette publique, et cela dans l'espace de *cinq mois*. De plus, elle nous fait perdre *deux provinces*.

Donc la République n'est pas un gouvernement à bon marché, mais c'est le plus coûteux et le plus ruineux.

La République tricolore ne connait pas sans doute ce bilan désastreux, car elle n'aurait pas trouvé mauvais que les descendants de nos rois s'empressassent d'offrir leur dévouement à la France, leur patrie. Elle leur donne même, à ce sujet, une leçon de morale qu'elle ferait bien d'adresser aux républicains. A l'en croire, ces derniers se prêteraient aux honneurs sans les rechercher, ce qui est conforme aux principes de la morale chrétienne ; tandis que ces pauvres *prétendants* les recherchent avec trop d'ardeur, ce qui est un grand danger pour leur salut. Pauvres rois, vous courez grand risque de vous perdre, les républicains seuls seront sauvés, la République tricolore l'a dit. Aussi ses conseils répondent à ses inquiétudes. La France, dit-elle, fera bien de remercier tous les prétendants et de n'en choisir aucun, afin de nous éviter une « révolution à courte échéance, » et probablement aussi, pour sauver ces malheureux de la damnation éternelle.

Pourquoi une restauration monarchique serait-elle une révolution à courte échéance? La République se garde bien de le dire : Elle continue.

IV.

Ou la France choisira le comte de Chambord ou le comte de Paris, il n'y a pas de milieu. Mais le comte de Chambord a contre lui les deux principes de la *légitimité* et de l'*hérédité*. Principes surannés qui pouvaient être admis à l'époque où nos pères croyaient à la *Sainte Ampoule* et au privilège qu'avaient nos rois de guérir les *écrouelles*. Bien trouvé République tricolore. En lisant ces lignes, les révolutionnaires auront ri de bon cœur. L'œuvre d'un religieux, jeter le riducule sur de pieuses croyances.

Deux questions trouvent naturellement ici leur place. Qu'est-ce que la légitimité ? Qu'est que l'hérédité?

La légitimité ce n'est pas, comme s'efforcent de le faire croire bon nombre de personnages, le retour au pouvoir absolu, aux dîmes, aux privilèges. Non, ce n'est pas là ce qu'il faut entendre par légitimité. C'est simplement le principe du *droit monarchique national*, ne comportant pas l'absolu dans son application, mais admettant le principe de la souveraineté du peuple, principe de *fait* et non de *droit*, qu'il limite et modère en reconnaissant la transmission du pouvoir, comme dans la propriété, un père transmet son héritage à ses enfants.

La monarchie traditionnelle, issue de ce principe, admet que la *volonté nationale*, s'exprimant par la bouche des représentants du peuple, et non par la force brutale, doit être respectée. Les républicains d'aujourd'hui veulent au contraire placer la République au-dessus du peuple et n'admettent pas la *volonté nationale*. Ce qui est illogique. Car, de deux choses l'une ; ou la souveraineté réside dans le peuple, ou elle n'y réside pas. Si elle y réside, la République peut-être ou rejetée ou acceptée. Si non, la monarchie est préférable, puisqu'elle admet cette souveraineté, en excluant, il est vrai, le droit à l'insurrection, tandis que la république reconnait ce droit, et n'admet pas la souveraineté du peuple, ne voulant pas être discutée.

L'hérédité est un principe supérieur et tutélaire, fondement de toute société civilisée, propre également à protéger la transmission du pouvoir, contre des compétitions toujours dangereuses pour la liberté. C'est un principe corrélatif. Car, de même que la liberté a besoin pour exister de subir une limite, celle de l'indépendance individuelle, au delà de laquelle elle devient tyrannie ; de même, la souveraineté du peuple étant illimitée de *fait*, puisque la puissance effective réside dans le peuple, peut accepter, comme pondération d'une force exessive qui conduirait infailliblement à l'anarchie, un principe chargé de la modérer. Or, ce principe n'est autre que l'hérédité.

Donc la légitimité ou la monarchie traditionnelle et l'hérédité qui en découle néccessairement, sont plus conformes au principe républicain que la république de ces sectaires, dont le but réel est la conquête du pouvoir, avec perspective d'une révolution permanente. Par conséquent, le comte de Chambord n'est pas un *prétendant* mais bien l'*héritier direct et légitime* de ce droit monarchique national que lui ont transmis ses ancêtres, et que la vraie France ne lui conteste pas, mais seulement quelques chefs de ces innombrables coteries républicaines éparses sur notre sol. Le comte de Chambord est un principe et non un parti, et c'est précisément pour cela que l'on peut s'appuyer sur lui. De plus, il est le droit, et le droit national.

Son avénement, dit la République tricolore, comblera de joie la plupart des châtelains de France et de Navarre, ainsi que leurs fermiers et leurs valets de chambre. Quelques milliers de saintes âmes feront des neuvaines d'actions de grâce.

Très-bien touché. Toutefois, tranquillisez-vous, bonne république. Si le comte de Chambord est destiné à remonter sur le trône de France, la joie sera plus grande que vous ne le pensez. Les républicains, qui, dites-vous, n'en veulent à aucun prix ; quelques vieux bourgeois imprégnés des principes de 89, qu'ils ne comprennent pas plus que vous ne les comprenez ; quelques bonapartistes qui se sont engraissés en mangeant au râtelier administratif du second empire, jetteront les hauts cris et pleureront de rage. Mais, encore une fois, ces hommes ne sont pas la vraie France. L'immense majorité des campagnes, dont il faut cependant tenir compte, malgré vos préférences pour les villes, tressaillera de joie, parcequ'elle verra en lui, non pas comme vous, un prétendant, mais son roi légitime, lequel assurera l'ordre, fera refleurir le commerce et renaître la prospérité au sein de ces campagnes si éprouvées.

Je me résume. Ou la France est plus monarchiste qu'on ne le dit, et alors, malgré toute la bonne volonté possible, elle ne pourra s'habituer à la République, fût-elle honnête. Ou elle est moins républicaine qu'on ne le prétend, et alors la monarchie est possible. En un mot, la République en France est impossible, parce qu'il y a trop de monarchistes; et la monarchie est possible, parce qu'il y a trop peu de républicains.

V.

Mais, allons plus loin. Supposons que la monarchie soit durable. Qu'y gagnerons-nous? La France y gagnera de s'endormir à force d'opium, pour mourir ensuite d'anémie, dit la République tricolore.

Voilà une réponse bien hardie, car à moins de n'avoir

jamais étudié l'histoire de son pays, il est impossible de répondre ainsi. En effet, qui a fait la France? Qui lui a donné cette unité territoriale, œuvre de *huit siècles* d'efforts et que nos révolutions ont déjà brisée deux fois? Est-ce la République ou la Monarchie? Qui nous a donné l'Alsace et cette Lorraine que nous venons de perdre en tout et en partie? La Monarchie, si je ne me trompe. Qui nous les a fait perdre? L'Empire, né de la révolution, et la République héritière de ses fautes et plus inepte encore.

La France s'endormir à force d'opium sous la Monarchie? Jamais elle n'a eu tant de vitalité. La France mourir d'aménie sous la Monarchie? Elle n'a jamais été plus forte. La France encourir le mépris des nations libres, en rétablissant la Monarchie légitime? Erreur, car jamais elle n'a été plus respectée que sous cette monarchie, et jamais elle n'a joui d'une plus grande autorité.

Si j'étais roi de France, disait Frédéric II, roi de Prusse : pas un coup de canon ne se tirerait en Europe sans ma permission.

N'est-ce pas ce qui est advenu pendant les huit siècles, que l'ordre de la succession légitime n'a pas été troublé? Combien de fois nos rois n'ont-ils pas été pris pour arbitres? Combien de fois le poids de leur puissante épée, n'a-t-il pas rétabli l'équilibre européen rompu? Notre influence était grande alors.

La France était l'arbitre du monde, et quand le XVIIe siècle s'éteignit, le sang de ses rois règnait sur toute l'Europe méridionale, à Naples, à Parme, à Madrid et jusqu'aux Indes. Toutes ces maisons royales se reconnaissaient les clientes de la France. Au nord, une triple ligne de forteresse, nous défendait des invasions. Nos limites morales s'étendaient beaucoup au delà de nos limites politiques, elles dépassaient le Rhin. Les princes allemands de la rive gauche étaient nos alliés, nos pensionnaires ; et la France était maîtresse à Mayence, à Trèves, à Cologne presqu'autant qu'à Paris.

Cette grande et nationale politique, interrompue par la Révolution, reparait avec la Restauration. La France était épuisée d'hommes, ruinée et appauvrie. L'ennemi comme aujourd'hui, la foulait aux pieds et affichait de grandes prétentions. Louis XVIII sut par son langage en imposer à nos vainqueurs, et roi sans armée, il conserva cette *Alsace* que la République vient de céder. Tout en abandonnant quelques forteresses, son prestige moral est si grand, qu'il désarme nos ennemis. Encore quelques années, et l'Europe, subissant de nouveau l'impulsion de la France, écrasera le croissant à Navarin, et affranchira la Grèce. L'Algérie, ce présent vraiment royal des Bourbons, reprenant une troisième fois la route de l'exil, et qui va peut-être nous échapper, sera conquise en dépit de l'Angleterre.

Combien de temps a-t-il fallu, à ces descendants de St-Louis, pour nous relever aux yeux de l'Europe, ramener la vie dans tous les membres de notre corps social, faire refleurir notre commerce et rétablir nos finances ? Quinze années de *sagesse* et de *liberté*. Oui quinze années de liberté, que nous n'avons connue ni sous la République, ni sous l'Empire. Quinze années de liberté, que les gouvernements postérieurs ont confisquée, et surtout la République du 4 septembre.

En un mot, la France monarchique, sous ses rois, à force d'héroïsme et de patience, s'aggrandit et se constitue. Puissante et forte, elle dicte la loi au monde. Sa foi politique et sa foi religieuse, la sauve d'immenses désastres. Donc en revenant à la monarchie nationale, elle ne mourra pas d'aménie.

La République tricolore nous fait un magnifique programme. Il n'a qu'un tort, c'est d'être irréalisable avec les Républicains, ou les gens qui se disent tels, et ne sont en réalité que des fous et des écervelés. Comment veut-elle que les Républicains oublient leurs rancunes, leurs amis et les intérêts de leur parti ? Comment veut-elle que des utopistes apportent un contrôle sévère dans l'administration ? Comment pourront-ils réaliser des économies, quand leurs affidés attendent des places où ils espèrent faire de magnifiques profits ? Comment réorganiseront-ils l'armée, qu'ils redoutent, insultent et calomnient? Comment purifieront-ils les mœurs publiques qu'ils ont contribué si puissamment à corrompre, au moyen de leurs doctrines anti-sociales et anti-religieuses? Comment se soumettront-ils au joug de la loi, eux qui ne peuvent supporter aucune autorité ; mais, qui par contre exigent qu'on obéise au moindre de leurs caprices et qui, semblables à autant de Jupiters tonnants, brisent toutes les résistances et n'admettent aucun contrôle?

Ne sera-ce pas plutôt la République qui endormira la France à force d'opium et la fera mourir d'anémie? La première y a réussi en dix ans et la troisième en cinq mois. Aussi les peuples nous méprisent et ne comptent plus sur nous. Les nations libres et civilisées craignent de se compromettre en nous tendant la main, car elles ne peuvent prendre au sérieux tous ces chefs de partis et tous ces coryphées de la *République universelle*, perturbateurs de l'ordre et du repos public. L'Europe nous surveille l'arme au bras, car elle ne voit plus en nous qu'un peuple d'énergumènes, dévoré par ses discordes intestines, ne sortant d'une révolution que pour retomber dans une autre ; un peuple sans principes, qui ne sait que chasser, rappeler, puis exiler encore ses souverains.

Si par malheur, ce qu'à Dieu ne plaise, la France tombe sous le joug de ces prétendus républicains, non-seulement elle perdra son rang en Europe ; mais elle sera le réceptacle et l'égoût de l'univers, en attendant qu'elle soit mise au ban des nations civilisées et devienne la proie de ses avides voisins.

Ah ! ce n'est pas là ce que je rêve pour ma patrie bien-aimée. Ce que je rêve, c'est qu'elle reprenne le rang qu'elle a perdu, qu'elle redevienne la Grande Nation. Je rêve pour elle la rénovation de sa foi religieuse, de sa foi politique et de ses principes moraux, non pas sous la République, ce qui est impossible, mais sous la Monarchie nationale héréditaire.

VI.

Ici s'élève une grande question. L'*Hérédité*, prétend la République tricolore, confisque la souveraineté nationale, qui appartient aux Français de demain, aussi bien qu'aux Français d'aujourd'hui ; tandis que la République n'enchaîne pas le droit des générations futures.

L'*hérédité*, comme je l'ai déjà dit, n'est pas un principe absolu, mais un principe corrélatif et tutélaire, établi par la nation, afin de régler le mode de transmission du pouvoir.

L'idée républicaine, au contraire, d'après les républicains modernes, est un principe absolu au-dessus de la nation. Or, les règles qui régissent les sociétés humaines ne peuvent comporter l'absolu dans leur application, et il faut se garder de confondre le fait réalisable avec le droit abstrait qui ne l'est pas. Donc la Réqublique, étant un droit absolu, enchaîne le droit des générations futures, puisque chaque citoyen, de gré ou de force, est obligé de se soumettre à ce régime; tandis que le principe monarchique héréditaire ne l'enchaîne pas, puisqu'il laisse le champ libre aux modifications.

On nous vante sans cesse la République? Connaît-on celle qu'on veut nous imposer?

C'est une république de coterie, qui doit songer avant tout à se prémunir contre ceux qui la subissent, bien plus qu'à faire leur bonheur. Elle s'inspire de la volonté d'un petit nombre et ne peut avoir d'autre but que l'intérêt particulier.

Une république ainsi organisée nous donnera le désordre qui nait de la violation de tous les droits et de la satisfaction de tous les intérêts illégitimes.

Cette république avec ses pouvoirs renouvelés à des intervalles plus ou moins longs, sous prétexte d'obtenir une meilleure administration, tombera nécessairement dans l'anarchie, d'autant plus qu'elle est un système et qu'elle méconnait l'initiative de la nation.

Gouvernement du pays par une faction, elle sera intéressée à dispenser dans une large mesure l'instruction qui démoralise le peuple, en faussant son intelligence. Altérée de domination et jalouse de la Monarchie, elle altérera la vérité historique, dans son intérêt, de peur que la nation ne la répudie.

Elle n'admettra aucune responsabilité, et travaillera toujours dans l'ombre, ne réservant ses rigueurs que pour ses adversaires qui mettront en lumière ses turpitudes, et réclameront la liberté et le contrôle par la discussion.

Elle sera la prodigalité sous toutes les formes, parce qu'elle sera le régime du privilége, de la médiocrité, et d'une foule de faméliques accourus au pillage de la fortune publique.

Elle apportera le trouble entre les membres de la grande famille sociale, par des abus sans nombre; par l'inégale répartition des charges, et en favorisant les appétits brutaux des désœuvrés et des prolétaires, par ses déclamations insensées contre la propriété.

Bien loin d'être une *revanche*, elle achèvera l'abâtardissement de la France. Nous encourrons le mépris des peuples. Elle ne nous laissera que le choix entre une agonie honteuse, que des discordes intestines rendront plus douloureuses, ou une guerre étrangère qui nous épuisera sans nous relever.

Telle sera la république qu'on veut nous imposer. Que les honnêtes gens y songent! C'est la République telle qu'elle se pratique à Paris. C'est une idole gorgée de sang, et élevée, sur des ruines fumantes, au profit d'une coterie.

Pour que la France ressuscite dans sa gloire, il faut qu'elle soit monarchique et non républicaine ; il faut qu'elle revienne à ses traditions nationales. Il faut qu'elle redevienne assez sérieuse, assez austère, assez chrétienne, enfin, pour être non-seulement l'épée de la Justice, mais le soleil des peuples, et ce soleil s'est appelé jadis et doit s'appeler encore la *France monarchique*. C'est à cette condition seulement, que la France revivra, meurtrie, il est vrai, pansant ses plaies d'abord, puis, bientôt guérie, debout, libre chez elle, grande au dehors.

VII

Mais, nous dit-on, la République n'est pas le règne ni la revanche d'un parti quelconque sur un parti. C'est le peuple maître de ses destinées et se gouvernant par des représentants élus, sous des lois librement consenties. En un mot, c'est le peuple *souverain*.

Que faut-il entendre par le peuple ? A qui doit-on donner ce titre? Aux révolutionnaires socialistes de Paris, de Lyon, de Marseille, etc. ? Aux populations cosmopolites des grandes villes? Aux habitants des campagnes ? Ni aux uns ni aux autres. Le peuple, c'est le riche et le pauvre, le noble et le commerçant, le propriétaire et l'ouvrier. C'est la Nation.

Maintenant, qu'est-ce que la souveraineté du peuple ? En quoi a-t-elle consisté jusqu'à nos jours ?

La souveraineté du peuple est un pouvoir purement matériel. Ce n'est pas la conséquence d'un droit, mais seulement l'expression de la force dominante à chaque époque de la Société, qui fait modifier, selon les besoins du moment, la forme du gouvernement qu'il a choisi. Le peuple n'est donc pas souverain dans toute la force du terme. Sa souveraineté réside dans ses *mandataires*, qui gouvernent et font des lois d'après les conventions passées entre eux et le peuple. Une fois l'ordre établi, il ne peut y être fait aucun changement que par eux ou avec eux. En d'autres termes, il faut que le pouvoir de quelque nom qu'il soit appelé, soit considéré comme *légitime*. S'il en est autrement, et que la souveraineté soit reconnue résider de *droit* dans le peuple, non-seulement le gouvernement établi n'a plus de garanties, mais il n'y a plus même ni propriété, ni sûreté individuelle, ni ordre quelconque qui puissent exister d'une manière durable.

Jusqu'à nos jours, la souveraineté du peuple n'a été qu'une machine inventée par certains hommes avides de domination, pour renverser le gouvernement établi, refaire une nouvelle constitution, et non le *droit* de modifier, selon les temps, la forme du gouvernement. En effet, après chacune de nos révolutions, n'a-t-on pas vu le peuple perdre sa souveraineté et le droit de changer la constitution nouvelle ? Les peines les plus sévères n'ont-elles pas été édictées contre tout individu qui provoquerait à la renverser ? On faisait de la génération présente une génération constituante, et des générations à venir des générations constituées. La génération de cette époque ne connaissait d'autre loi que sa volonté, tandis que les nations postérieures à la constitution étaient enchaînées à la forme de gouvernement qu'instituait la nation législative.

Dans quelques mois, nous verrons sans doute éclore de nouveau, au nom du peuple souverain, une constitution à laquelle il ne sera pas permis de toucher. Ce sera l'arche sainte hors de laquelle il n'y aura pas de salut. Le peuple souverain d'aujourd'hui, soucieux de l'avenir et tremblant pour son œuvre, interdira au peuple souverain de demain de toucher à ces nouvelles Tables de la Loi, sous peine de *mort.*

Peuple souverain, interroge l'histoire. Depuis quatre-vingts ans, on a péniblement élaboré, en ton nom, huit ou dix constitutions. Qu'est devenue ta souveraineté, après leur promulgation ? Ce qu'elle est devenue en 1793, en 1830, en 1848, en 1870, et ce qu'elle deviendra toujours avec les Républicains, c'est à dire une *risée.*

Peuple souverain, chaque jour tu verras, sur les murs de tes édifices, ces mots magiques : « Au nom du peuple souverain, arrêtons et décrétons, etc., » et pour corollaire inévitable : « Les infracteurs seront passibles de la prison ou de la mort. » Pour mieux dire, ta souveraineté se réduira à ce seul mot : *Obéis*.

Peuple souverain, je te le demande, une souveraineté qui aboutit toujours à l'obéissance est-elle bien une souveraineté? Non, ce n'est que le piédestal dont se servent quelques ambitieux de bas étage pour monter au pouvoir. Tu ne vois pas le piège qu'ils te tendent; tu les crois sur parole; tu agis en aveugle ; tu les élèves sur le pinacle, et, une fois parvenus au terme de leurs vœux, ils te prennent en pitié, s'enrichissent et s'amusent à tes dépens, et, la verge à la main, te traitent comme tu le mérites : en *esclave*. Voilà où aboutit et aboutira toujours fatalement ta souveraineté. Songes-y bien.

La Monarchie est faite pour les peuples enfants; la République est faite pour les peuples majeurs, dit la République tricolore.

Voilà quatorze siècles que la nation française existe, et, pendant ce temps, il a été nécessaire que sa liberté fût gênée, pour qu'elle n'en fît pas un mauvais usage? Pendant quatorze siècles, nos pères n'ont été que des enfants, incapables de se conduire eux-mêmes? Quelle dérision, ou plutôt quelle ignorance et quelle ingratitude !

Mais, admettons le développement progressif de l'intelligence des peuples. A quels signes reconnaîtra-t-on qu'ils sont parvenus à l'époque de leur majorité? Il est impossible de les indiquer. Aujourd'hui même, loin d'apercevoir cette raison plus éclairée et plus grave qui se manifeste chez eux, on ne remarque que les passions les plus ardentes, les idées les plus vagues, les doutes les plus profonds et les plus affreux; l'ignorance la plus honteuse des grands principes de la morale et les instincts les plus mauvais et les plus développés sous le rapport du mal. Nos pères ont été des hommes; ils ont accompli de grandes choses. Nous ne sommes plus que des enfants indisciplinés.

Le pouvoir dont nos pères ont eu besoin pour les protéger, nous en avons besoin aujourd'hui, nous en aurons besoin demain et dans tous les temps, parceque dans tous les temps, les peuples ne seront jamais aptes à se gouverner, parce qu'ils auront toujours les mêmes passions, parce qu'ils seront toujours dans la même enfance, parce que chaque classe de la société portera toujours une haine profonde à la classe qui la précède immédiatement dans la hiérarchie sociale.

O vous, superbes contempleurs des vieux et vrais principes de la société, qui voulez à tout prix nous imposer une république, l'idole de vos rêves! Un jour viendra, où la vérité se fera jour à travers toutes vos subtilités. Du sein de ce peuple que vous avez *fait roi*, sortiront des hommes conséquents et vrais, qui mettront en pratique vos doctrines. Alors, ce sera pour vous le jour *des pleurs et des grincements de dents*, le jour du remords et du désespoir. Vous sentirez, mais trop tard, la terrible portée de vos principes et vous tomberez les premières victimes de ce peuple que vous avez déchaîné.

Déjà, vous êtes débordés. Pendant deux mois, Paris, la superbe ville, la capitale de la France, l'antique Lutèce, a été courbée sous leur joug despotique, et l'on a entendu le plus illustre d'entre vous, la douleur dans l'âme, confesser à la tribune de l'Assemblée, ses erreurs, déplorer ses illusions et exprimer le regret de n'avoir pas désarmé ce peuple souverain, qui, usant de ses droits, ne veut plus de lui, ni de ses doctrines.

Vos premières paroles ont été : Respect aux personnes; respect aux propriétés; et dans beaucoup d'endroits, la liberté privée a été violée; le droit de propriété contesté, et des citoyens expulsés de leurs demeures. Ces actes se sont accomplis sous les républicains modérés, impuissants à contenir les passions déchaînées, et se continuent sous les républicains fanatiques.

Quels sont donc les vrais besoins d'un peuple? Ce sont :

la liberté individuelle, la liberté de conscience, le respect de la propriété; une sage liberté de la presse, c'est à-dire la liberté du bien et non celle du mal; la liberté d'enseignement; l'admissibilité de tous les citoyens à tous les emplois publics, et le droit de coopérer, par l'organe de ses premiers citoyens, à la formation de la loi et à l'établissement de l'impôt. Un peuple qui jouirait de tous ces avantages, serait heureux et libre, quelque fût sa constitution.

Les vrais besoins du peuple ne sont donc pas la souveraineté, qui, disons le mot, n'est autre chose que le droit à la révolte, laquelle ne sera jamais justifiée que par le succès. Cette souveraineté ne fait que le rendre ingouvernable; le pousse de fautes en fautes, de désordres en désordres, jusqu'à ce qu'un soldat heureux le frappe de son épée, le terrasse et l'écrase sous ses pieds.

VIII.

Recueillons-nous

La France peut se diviser en trois camps. Les *monarchistes*, les *honnêtes gens* et les républicains modérés et rouges. De ces trois camps on voudrait former une

République tricolore. L'idée est bonne, mais la réalisation impossible. Pourquoi? Parce que les aspirations de ces trois camps sont très-différentes.

En effet, les *monarchistes* veulent une monarchie, dans laquelle la nation sera appelée à concourir avec le Roi, par l'organe de certains corps constitués et périodiquement assemblés, à la formation de la loi et à l'établissement de l'impôt. C'est la monarchie représentative. Ils veulent la monarchie héréditaire, parce que la monarchie l'emporte sur toutes les autres formes de gouvernement. Parce que ses intitutions sont stables et que le pouvoir y est confié à des intérêts permanents et qu'il repose sur l'hérédité. Ils veulent la monarchie *légitime*, parce qu'elle est la seul base sur laquelle on puisse élever un édifice durable.

Ils veulent comme en 1789 et en 1814 : l'égalité devant la loi ; l'égale répartition des impôts ; l'admissibilité des citoyens à tous les emplois publics ; la liberté de conscience ; la liberté individuelle ; la libre discussion des actes de l'administration, enfin les lois formées et établies avec le concours de la Nation.

Tous ces droits ne forment-ils pas la plus grande somme de liberté compatible avec l'ordre social?

Qu'on ne dise donc pas que les monarchistes rêvent une restauration au profit d'une coterie. Non, ils la désirent au nom du bien public.

Les honnêtes gens forment cette partie de la société qui n'a aucune idée fixe de pouvoir, et qui, tout en désirant quelque peu la royauté, se contenterait de la république, si cette dernière s'engageait à lui donner l'ordre et le calme ; mais qui se tournera nécessairement contre elle, si la république ne produit que l'anarchie, parce que comprenant les commerçants et une foule de petits propriétaires, l'ordre et le calme sont indispensables, aux uns pour leurs transactions, et aux autres pour leur tranquillité personnelle.

Ce sont les classes moyennes. Le peuple est à leur porte et bientôt demandera sa proie. Quelques jours de répit leur sont encore accordés pour revenir au principe de l'ordre et de la prospérité. Qu'elles y songent ! Ces quelques jours passés, celui de la *Justice divine arrivera*.

Restent les républicains qui se divisent en *modérés* et en *avancés* ou *rouges*.

L'école des premiers est morte, et actuellement ils ne se soutiennent qu'avec le concours des monarchistes. Si ce concours leur était refusé, ils seraient réduits à l'impuissance. Quant aux seconds, voici quels sont leurs projets.

Souveraineté du peuple... pour eux.

Liberté illimitée de la presse... pour eux.

Liberté des clubs et des associations politiques, c'est-à-dire : le droit de diviser les citoyens en une foule de sociétés rivales prêtes à se précipiter les unes sur les autres, afin de s'arracher le pouvoir.

Indépendance religieuse. En d'autres termes : Plus de Dieu, plus de religion.

Suppression des droits de propriété et d'hérédité, c'est-à-dire spoliation générale des propriétaires, massacre des plus riches et dissolution des familles.

Eux aussi sont obstinés à fonder une République impossible, ils n'ont en vue que ce résultat, et s'inquiètent peu des temps par lesquels il leur faudra passer pour y arriver.

Souvenez-vous des agissements de 93, écrivait d'Autun, à la date du 16 novembre 1870, un français officier d'état-major de Garibaldi ! Il nous faut aujourd'hui des Danton, des Robespierre, des conventionnels ! Que l'on fasse place à la Révolution, elle seule peut nous sauver Dans les grandes crises, il faut les grands moyens.

Que le pouvoir tombe aux mains de ces hommes, et ce que nos Pères ont vu nous le verrons.

Et nous entendrons de nouveau ces terribles paroles : De l'énergie ! de l'énergie ! et encore de l'énergie !

Les mêmes passions enfanteront les mêmes crimes. Que dis-je ? Les crimes anciens seront surpassés parce qu'ils sont restés au-dessous de ce qu'on en avait attendu.

Ces hommes ne veulent plus de religion, plus de

classes distinctes, plus de propriété : donc il faut égorger jusqu'au dernier prêtre, éteindre la noblesse dans le sang de son dernier rejeton, et proscrire tout ce qui possède, depuis le plus riche jusqu'au plus petit propriétaire.

Ces lignes sont le produit d'une imagination effrayée, dira-t-on peut-être. Non, ce n'est que la triste réalité et le résumé de ce qui se dit et se fait depuis six mois.

Maintenant, avec des principes si opposés, des idées si différentes, comment veut-on que l'on puisse former une *République tricolore?* Comment veut-on que l'ordre et le désordre s'allient entre enx? Comment croire que les Monarchistes, qui veulent le maintien des traditions nationales, des libertés nationales, de l'ordre et de l'unité française, s'entendront avec les Républicains de nos jours qui, en dépit des libéraux et des républicains éclectiques et parlementaires, ne sont que des *fédéralistes* et des *socialistes*. Cette alliance est irréalisable. Donc, la *République tricolore* comme la rêve le P. Marchal est impossible, tout autant qu'une République modérée, qui serait sans cesse en butte aux révoltes intestines, ou une République écarlate, qui nous donnerait l'anarchie pour finir par le *despotisme*.

O France, ô ma Patrie, le vent impur de quatre-vingts ans de révolutions a flétri tes traits, que le soleil vivifiant de quatorze siècles de monarchie avait embellis! Ce vent destructeur a emporté ta foi politique et ta foi religieuse. Il a déssèché les intelligences, et détruit les principes conservateurs de la morale et de la Société. Il a abaissé les caractères et corrompu les cœurs. Puis, il a déchaîné contre toi *le plus terrible des enfants que le Nord ait porté dans ses flancs*, et c'est quand meurtrie, sanglante et sur le point d'expirer, que tes propres enfants cherchent à augmenter tes souffrances par des luttes fratricides !

Etendue sur ton lit de douleur, il me semble entendre ces paroles suppliantes sortir de ta bouche vénérable : O vous, mes vrais enfants, vous tous qui possédez un nom, une industrie, une propriété, des mœurs pures, une âme religieuse, réunissez-vous. Levez-vous contre les destructeurs de l'ordre social, contre les spoliateurs de vos biens, contre les meurtriers de votre *Mère*. Lancée par quelques factieux sur la route de l'abîme, vous pouvez me sauver encore et retourner en arrière. La *royauté légitime* est toujours là près de moi, avec ses trésors de paix, d'ordre et de confiance.

Une fois déjà, elle a séché mes pleurs. Sa main généreuse a pansé mes plaies et guéri mes blessures. Grâce à elle; je m'étais relevée de l'humiliation. J'avais recouvré mon prestige, et les Nations, mes sœurs, m'écoutaient avec respect. J'étais heureuse, grande et libre.

Je suis son Epouse bien-aimée, et non son *esclave*.

Elle *seule* peut lire dans mon cœur, en pénétrer les secrets, et compatir à mes maux. Jetez-moi dans ses bras! Vous y trouverez plus de prospérité réelle, plus de vraie liberté que dans ces théories vides de toute substance qui m'ont coûté, et me coûtent encore tant de larmes et de sacrifices!

FIN

Dole, typ. Bluzet-Guinier.

www.ingramcontent.com/pod-product-compliance
Ingram Content Group UK Ltd.
Pitfield, Milton Keynes, MK11 3LW, UK
UKHW032012260826
14628UKWH00005B/2439

9 782011 785909